Liebe Birgit!

— von ganzem Herzen wünschen wir Dir & Deinen Lieben
immer wieder Trost & Zuversicht!!!

Mögen die Zeilen unseres lieben Freundes Johannes
und seiner Lydia dabei helfen,
die ewige Freude zu finden!

Vielen DANK für alles!

Deine Dorothea & Lothar
mit Kinder aus Lobetal

SCM

Stiftung Christliche Medien

Der SCM Verlag ist eine Gesellschaft der Stiftung Christliche Medien, einer gemeinnützigen Stiftung, die sich für die Förderung und Verbreitung christlicher Bücher, Zeitschriften, Filme und Musik einsetzt.

Internet: www.scmedien.de; E-Mail: info@scm-verlag.de

Gesamtgestaltung: Dietmar Reichert, Dormagen

Illustrationen & Fotos: Dietmar Reichert | Fotolia: tomer turjeman (Cover, 18), TTstudio (33), Tilio & Paolo (41), Kerstin Selle (42),

Druck und Bindung: CPI books GmbH, Leck
Gedruckt in Deutschland

ISBN 978-3-7893-9628-1
Bestell-Nr. 629.628

JOHANNES HOLMER
mit Texten von Lydia Holmer

Das Ende ist erst der Anfang

TROSTGEDANKEN

SCM

Mit 28

Jahren hat unsere Tochter Lydia den Kampf gegen den Krebs verloren. Sie war noch jung und hatte doch eine sehr persönliche Beziehung zu Jesus. Trotz ihrer schweren Krankheit hat sie uns oft ermutigt, getröstet und gestärkt.

Das Vertrauen zu unserem himmlischen Vater ist uns durch ihren frühen Tod nicht abhandengekommen, sondern es ist gestärkt worden. Wir sind natürlich oft noch traurig und verstehen vieles nicht. Aber wir haben einen Herrn, der sieht, wenn wir leiden. Wir haben einen Gott, dem es nicht gefällt, uns traurig zu sehen, dem es aber Freude macht, wenn wir ihm (trotzdem) vertrauen.

Nein, ich habe nicht genug Trost, um ein „Trostbuch“ zu schreiben. Aber ich habe zusammen mit meiner Frau erfahren, wo Trost zu finden ist. Und das möchte ich Ihnen hier gern weitergeben.

Sie werden in diesem Büchlein immer wieder Zitate und Tagebuchauszüge unserer Tochter Lydia finden. Vielleicht kann der eine oder andere Gedanke Sie mit hineinnehmen in die Geborgenheit und den Frieden, den wir erfahren durften, und noch Tag für Tag erfahren. Und vielleicht können manche Worte Sie zu dem hinführen, der wirklich Trost für uns hat, der weiß, was jeder von uns in seiner speziellen Situation braucht.

Johannes Holmer

im Februar 2016

Gott ist da.
ER IST UNS
unbegreiflich
NAH.

EIN HAUCH VON EWIGKEIT

Es ist 6.00 Uhr am Morgen.

Meine Frau Eva-Maria und ich stehen am Bett unserer Tochter Lydia. Sie liegt hier vor uns, still und friedlich, mit einem fast zufriedenen Lächeln im Gesicht. Seit ein paar Stunden ist sie nicht mehr unter den Lebenden. Sie hat den Kampf um ihr Leben auf dieser Erde verloren. Den Kampf um das Leben in Ewigkeit hatte ihr himmlischer Vater ihr schon vor vielen Jahren abgenommen. Sie ist sein Kind.

28 Jahre alt ist Lydia auf dieser Erde geworden. Sie war gestern noch unter uns. Und jetzt? Jetzt liegt sie immer noch hier, und doch ist sie nicht mehr da.

Und es stehen plötzlich Fragen vor uns, die wir uns vorher so nie gestellt haben: Wo ist sie eigentlich jetzt? Sie liegt hier, aber der wichtigste Teil ihrer Person ist verschwunden, ist „entrückt", ist in der ewigen Welt. Ihre Seele ist in einer anderen Dimension. Sie hat sich ja nicht einfach in Luft aufgelöst, nur weil das Herz aufgehört hat zu schlagen!

Mir scheint auf einmal diese ganze Situation der stärkste Hinweis auf Gottes Welt, auf die Ewigkeit zu sein. Sie ist nur einen Atemzug entfernt. Die Ewigkeit ist so real, dass wir sie hier fast mit den Händen greifen können.

In uns verstärkt sich die Ahnung bis hin zu einer starken Gewissheit: Gott ist da. Er ist uns unbegreiflich nah.

Mein Kind, mein Freund,
mein Vater ... Alle, die
schon in der Ewigkeit sind,
haben es jetzt gut.
Wir aber haben hier den
Schmerz und den Verlust
zu bewältigen.

So viele Fragen

Woher kommt Trost? Woher kommt neue Freude, woher neue Zuversicht? Wenn der Boden unter meinen Füßen zu schwinden droht – oder wenn er mir gerade ganz weggezogen worden ist?

Es ist noch alles so frisch, so hart, so unausweichlich. Aus welcher Quelle kann ich leben?

Und was ist mit Gott? Wie kann ich jetzt noch an Gott glauben?

Gott, der mir den größten denkbaren Verlust meines Lebens zugefügt, oder ihn doch zumindest zugelassen hat?

Wenn er „der große Gott" ist, den wir im Gottesdienst immer loben, dann hätte er das doch verhindern können!? Und wenn er mich so liebt, wie es immer heißt, dann hätte er es doch wohl auch verhindern müssen!?

Ich bin erschöpft
vom Klagen.
Die ganze Nacht tränke
ich mein Bett mit Tränen,
mein Kissen ist nass vom
Weinen.
Psalm 6,7

KLAGEN

Unsägliche Trauer überkommt mich.
Fragen.
Schmerz.
Verzweiflung.
Und ich bin nur noch froh, dass ich klagen darf!

Mein Vater, ich darf dir sagen, was mich bewegt. Ich weiß, dass du all das längst weißt. Doch es tut gut, dir zu sagen, dass ich dir vertrauen will, obwohl – und vielleicht auch weil – ich dich nicht verstehe.

Es ist alles so schwer zu begreifen, erst recht, in Worte zu fassen. Ich weiß, dass ich nicht weiterkomme, wenn ich nach dem Warum frage. Aber selbst dein Sohn Jesus hat das getan. Das ermutigt mich, dir alle meine Fragen vorzulegen und dir zu sagen, dass ich deiner Führung vertrauen will, auch wenn dies im Moment nur in kleinen Schritten möglich ist.

„Dass die Hoffnung

auf deine neue Welt in mir lebt, bedeutet ja nicht, dass mir der „Zerfall" meines Körpers erspart bleibt oder nichts ausmachen würde. Erst gestern schrie ich zu dir, Jesus, als mir sehr übel war und die Schmerzen kaum zu ertragen waren, und du hast mein Gebet erhört. Es war, als ob ich von dir durch die nächtlichen Stunden getragen wurde. Du trägst mich, ich muss nur fragen."

Lydia

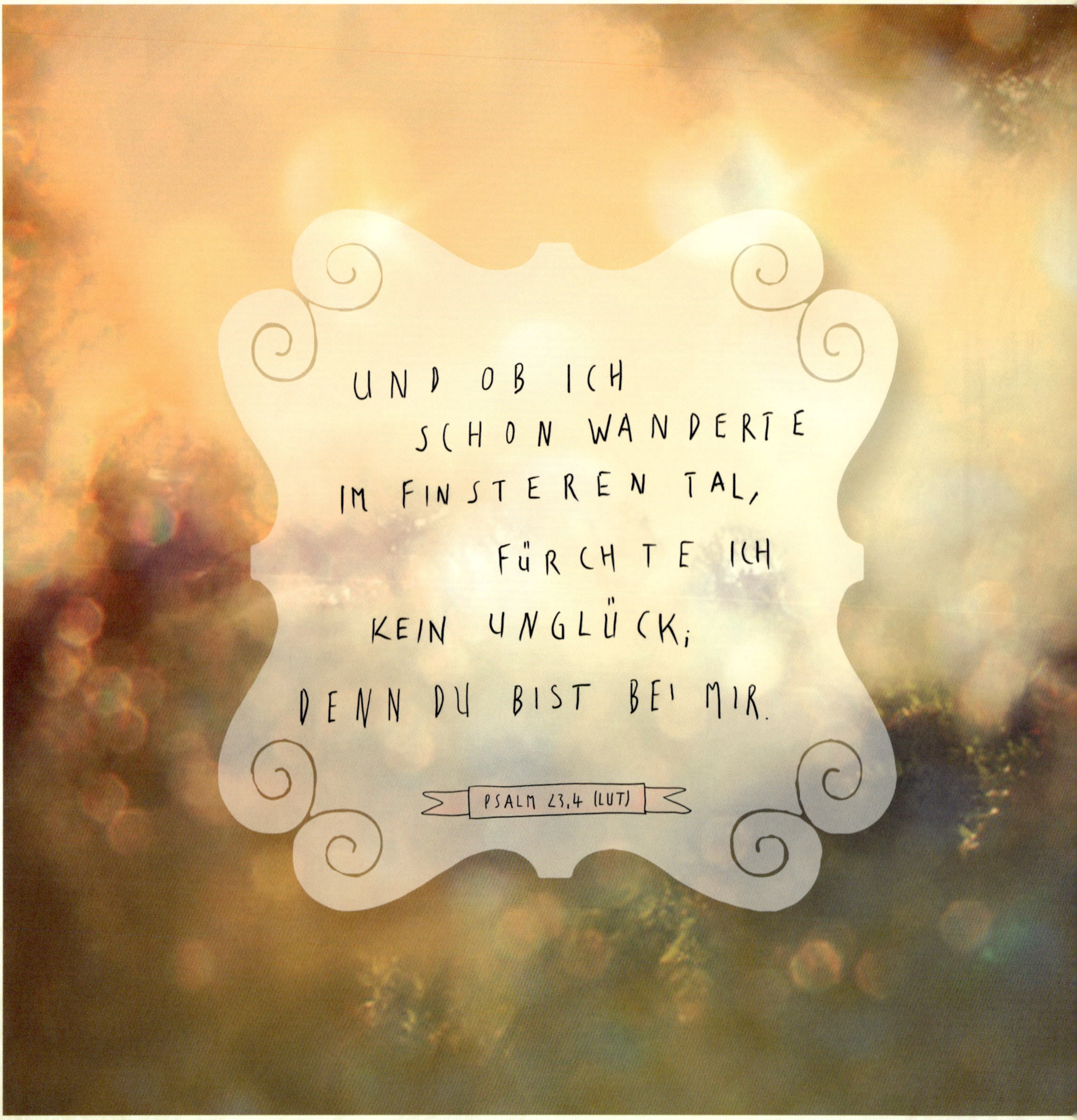
UND OB ICH
SCHON WANDERTE
IM FINSTEREN TAL,
FÜRCHTE ICH
KEIN UNGLÜCK;
DENN DU BIST BEI MIR.
PSALM 23,4 (LUT)

Im finsteren Tal

Es heißt nicht: „... denn es wird schon nicht so schlimm werden ...", sondern: „... denn du bist bei mir." Du, Gott, bist bei mir! Du, der Ewige. Der allmächtige Gott.

Kein Mensch, kein alter Mann mit weißem Rauschebart, der irgendwo hoch über den Wolken sitzt. Nein, der Schöpfer der Welt. Der, der alles überschaut.

Du – bist bei mir! Kann es mehr, kann es Größeres geben? Mehr ist nicht denkbar. Denn wer könnte mir solche Sicherheit geben? Bei wem könnte ich diese Geborgenheit finden?

„Mein Vater,

wenn ich durchs dunkle Tal gehe, dann bist du noch näher bei mir, um mich zu halten. Du kennst all die tiefen und tiefsten Orte meines Lebens. Du warst immer da. Mein Leben liegt in deinen Händen. Und ich vertraue dir, dass du mich in den dunkelsten Zeiten nicht hängen lässt. Du hast deine Gründe, warum du mich nicht drumherum führst, sondern hindurch. Deine Pläne sind perfekt."

Lydia

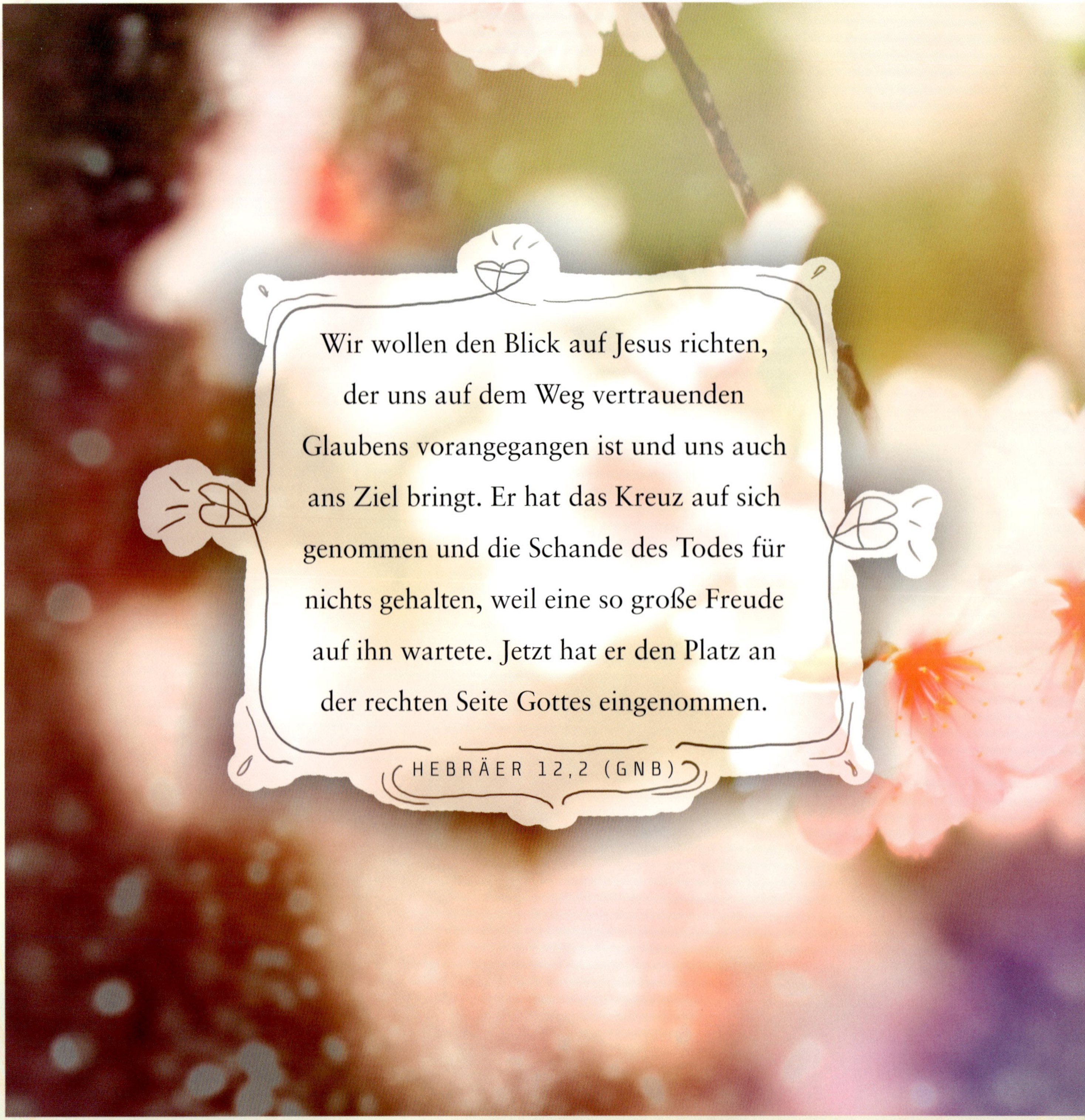

Wir wollen den Blick auf Jesus richten, der uns auf dem Weg vertrauenden Glaubens vorangegangen ist und uns auch ans Ziel bringt. Er hat das Kreuz auf sich genommen und die Schande des Todes für nichts gehalten, weil eine so große Freude auf ihn wartete. Jetzt hat er den Platz an der rechten Seite Gottes eingenommen.

HEBRÄER 12,2 (GNB)

Blickrichtung

Wegschauen von mir.
Hinschauen auf ihn.

Das ändert alles. Die Blickrichtung ist entscheidend. Schaue ich – wie einst Petrus – auf den Sturm? Schaue ich auf die Wellen? Ist mir der Glaube mit „weggeschwommen", als ich feststellen musste, dass Gott alles so ganz anders geführt hat, als ich es gedacht, gehofft und vielleicht auch von ihm erbeten hatte?

Es ist nicht so entscheidend, wo ich gerade stehe, sondern wohin ich sehe. Ich will meinen Blick auf Jesus richten!

„Halte deinen Blick
auf seine Grösse und
nicht auf deine
Probleme gerichtet."
Lydia

„Danke für den Segen

der letzten Wochen. Du hast mich auf einen Berg gestellt, wo Probleme klein sind und nur du groß. Danke für diese Sicht. Danke für deinen Frieden. Danke, dass du mich nie im Stich lässt."

Lydia

„Mein Jesus,

du hast es zugelassen. Viele haben dich um das Gegenteil gebeten. Aber du hast es trotzdem anders kommen lassen. Noch weiß ich nicht, warum, und ich werde es vielleicht nie erfahren. Ich habe auch kein Recht dazu."

Lydia

Beten UND vertrauen

Ich habe das Recht, den ewigen Gott „Abba – Vater“ zu nennen. Ich habe das Recht, ihn jederzeit anzurufen! Er will das sogar. Er hat Freude daran.

Manchmal vergesse ich, dass er das, was ich bitten kann, selbst schon längst weiß. Noch bevor ich es ausgesprochen habe.

Aber welchen Sinn hat dann mein Gebet? Muss ich Gott „auf die Sprünge helfen“?

„Wenn ihr aber betet, dann tut es so“, sagt Jesus und legt uns das Vaterunser vor, in dem umfassendes und absolutes Vertrauen sichtbar wird.

Habe ich ein Recht, von dem, der mich geschaffen hat, zu erwarten, dass er mir alle meine Wünsche erfüllt? Hat er nicht das Recht, es so zu machen, wie er es für richtig hält? Ist es dann nicht klug, ihn machen zu lassen? Er ist doch Gott! Er hat doch den Überblick! Er weiß und sieht doch alles!

„Vater,

mein ganzes Leben soll Anbetung und Dank sein. Ich möchte dir danken, egal, in welche Situation ich komme. Lehre mich immer mehr, deine Taten im Kleinsten zu erkennen.

Ich wünsche mir, dass die Leute um mich herum dich in mir erkennen. Dass sie erkennen, welche Liebe, Gnade, Barmherzigkeit (Macht, Kraft ...) du für jeden im Überfluss hast. Ich möchte, dass sie erkennen, wie du bist; ja, dass für dich nichts zu schwer ist!"

Lydia

„Mein Vater,

lass mich nicht die Basis unserer Beziehung vergessen. Ich bin dein Kind, das Kind des Königs. Du hast mich freigemacht und versprichst mir ein Leben voller Verheißungen mit der Zusage, dass du deine Versprechen hältst. Vater, lass meinen Glauben einfach bleiben, damit ich dir vertrauen kann wie ein Kind."

Lydia

SEIN *Kind*

Wenn ich wirklich sein Kind bin, Gott also mein Vater ist – wird er mir dann nicht immer das Beste geben? Wird er, mein Vater, dann nicht immer dafür sorgen, dass es mir an nichts Wichtigem fehlt?

Ich darf sein Kind sein! Mehr geht nicht! Warum nur verflüchtigt sich dieses Wissen immer wieder so schnell aus meinem Bewusstsein?

Herr, halte mir allezeit vor Augen, wer du wirklich bist, damit mir die wahren Bezugspunkte in dieser Welt nie verloren gehen!

Von allen
Seiten umgibst
du mich und
hältst deine
Hand über mir.
Psalm 139,5 (LUT)

IMMER DA

Gott ist ja nicht deswegen
bei mir, weil ich ihn bitte oder an
ihn glaube. Er ist Gott. Er ist einfach da.
Das muss ich mir nur immer wieder bewusst
machen. Selbst dann, wenn mein Gefühl etwas
anderes sagt.

Als sein geliebtes Kind habe ich jedes
Recht, mich mit meinen Sorgen und
Ängsten an ihn zu wenden.

Er will mir allezeit Gutes tun. Mein
Problem ist nur, dass ich das Gute von
Gott zu oft nicht als etwas Gutes für mich
erkennen kann. Denn ich kann seine Gedankengänge oft nur erahnen, aber nie wirklich
und vollkommen verstehen.

Dennoch darf ich ihm vertrauen.
Denn er lässt mich nie im Stich.

„Sich auf Jesus

zu verlassen bedeutet nicht, dass er uns aus ungemütlichen Lebenslagen herauskatapultiert. Nein, aber er ist genau in dieser Lebenslage bei uns. Und wenn es nötig ist, dann „trägt" er uns. Im Nachhinein haben wir eine Erfahrung mehr: Er ist da!"

Lydia

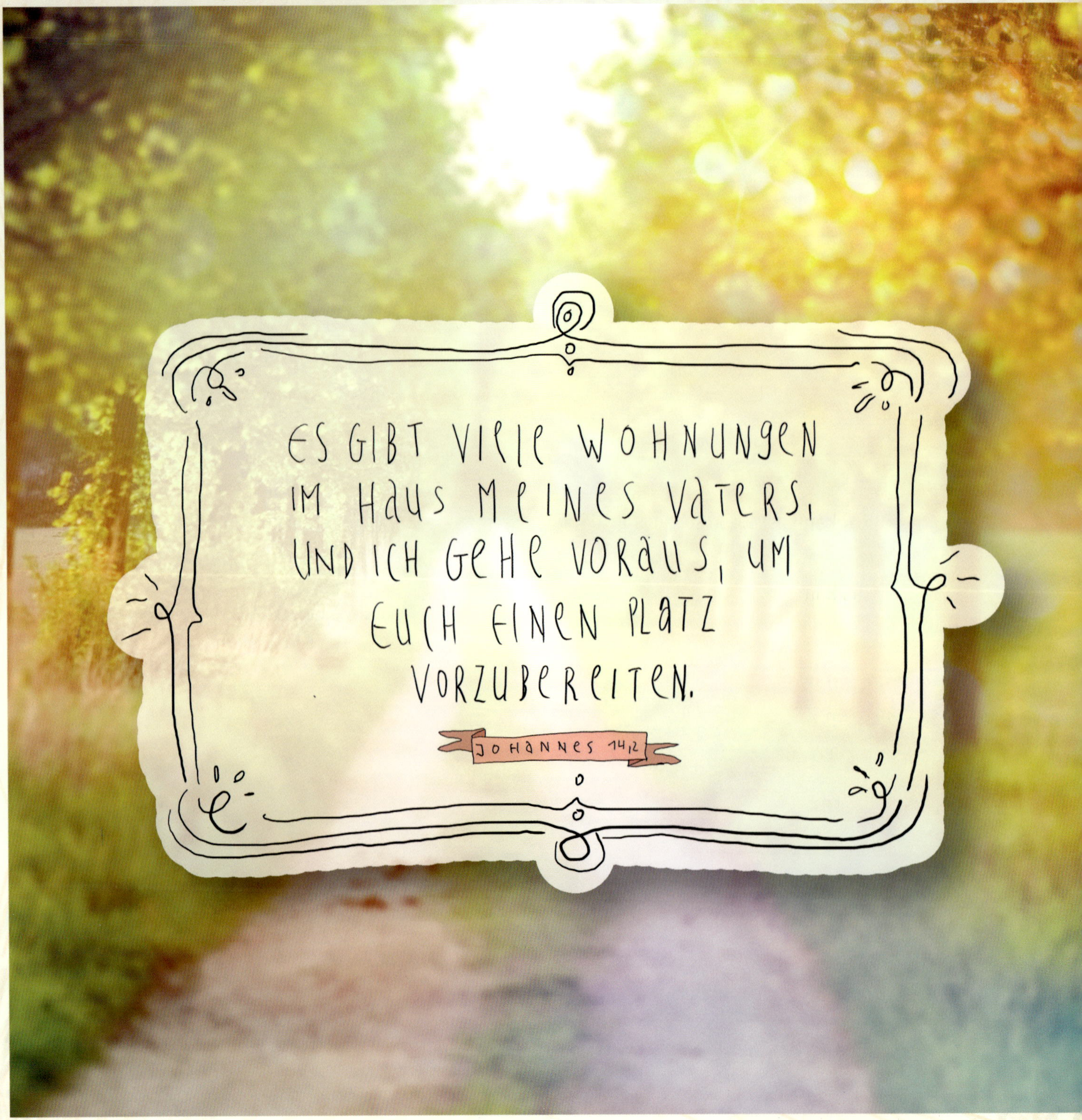
Es gibt viele Wohnungen im Haus meines Vaters, und ich gehe voraus, um euch einen Platz vorzubereiten.
Johannes 14,2

Zu Hause
BEI DIR

Wohl dem, der eine Heimat hat.

Wo kann ich wirklich zu Hause sein?
Was hat Bestand über den Tod hinaus?
Was kann mich wirklich zufrieden machen?
Was kann mir dauerhaften Frieden schenken?

Ich darf mit der festen Gewissheit leben, dass ich ein Zuhause in der Ewigkeit, in der viel größeren Dimension der Welt Gottes habe.

Er hat dieses Zuhause für mich fest reserviert. Das ist der sicherste Ruhestand, den es geben kann. Und dafür brauche ich keine Lebensversicherung oder Rente – nur sein Wort.

Ich bin nur Gast auf Erden.

„Dieser Spruch ist mir gerade eingefallen. Ich finde, er hat eine besondere Wirkung. Wir erzählen anderen Menschen von unserem irdischen Zuhause und lassen unser richtiges Zuhause aus dem Spiel! Benehmen wir uns denn wie ein Gast? Man soll sich ja zu Hause fühlen, doch nisten wir uns nicht manchmal viel zu sehr auf dieser Erde ein?"

Lydia

„Ich denke,

für mich ist es eine Freudenfeier, bei Jesus zu sein. Und „nur" für meine Lieben wird es erst einmal eine Trauerfeier. Aber ich wünsche mir, dass sie Gottes Weg sehen, ihn annehmen, das Beste daraus machen, nämlich: anderen Menschen davon erzählen, wie groß die Freude in der Ewigkeit sein wird!"

Lydia

Eine Freudenfeier

Für die Ewigkeit fehlt mir leider das Vorstellungsvermögen. Für Gott selbst fehlt es mir ebenso. Ich kann Gott nicht denken! Zu sehr stoße ich immer wieder an meine Grenzen. Ich kann nicht sagen, warum er es zulässt – oder gar so führt? Immer wieder haben wir inständig um Heilung gebetet. Doch es kam anders. Ich möchte aber an seinem Wort festhalten und an der Gewissheit, die es schenken will: dass er alle Tränen von unseren Augen abwischen wird. Das soll mein Trost, meine Hoffnung sein:

Ich bin aber davon überzeugt, dass unsere jetzigen Leiden bedeutungslos sind im Vergleich zu der Herrlichkeit, die er uns später schenken wird.

RÖMER 8,18

„Lass mich nie vergessen,

dass ich nur ein Fremder, Besucher, Botschafter, Wanderer, Reisender, Ausländer bin. Das Leben dreht sich nicht um mich und trotzdem habe ich ein Zuhause bei dir! Die Erde ist nicht mein Zuhause, ich bin für etwas viel Größeres gemacht. Ich werde nie komplett befriedigt sein auf dieser Erde, weil ich für die Ewigkeit bestimmt bin. Viele Christen haben bis zum Schluss ein hartes Leben. Und trotzdem wissen sie, dass das Ende der Anfang eines unvorstellbaren, neuen Lebens wird."

Lydia

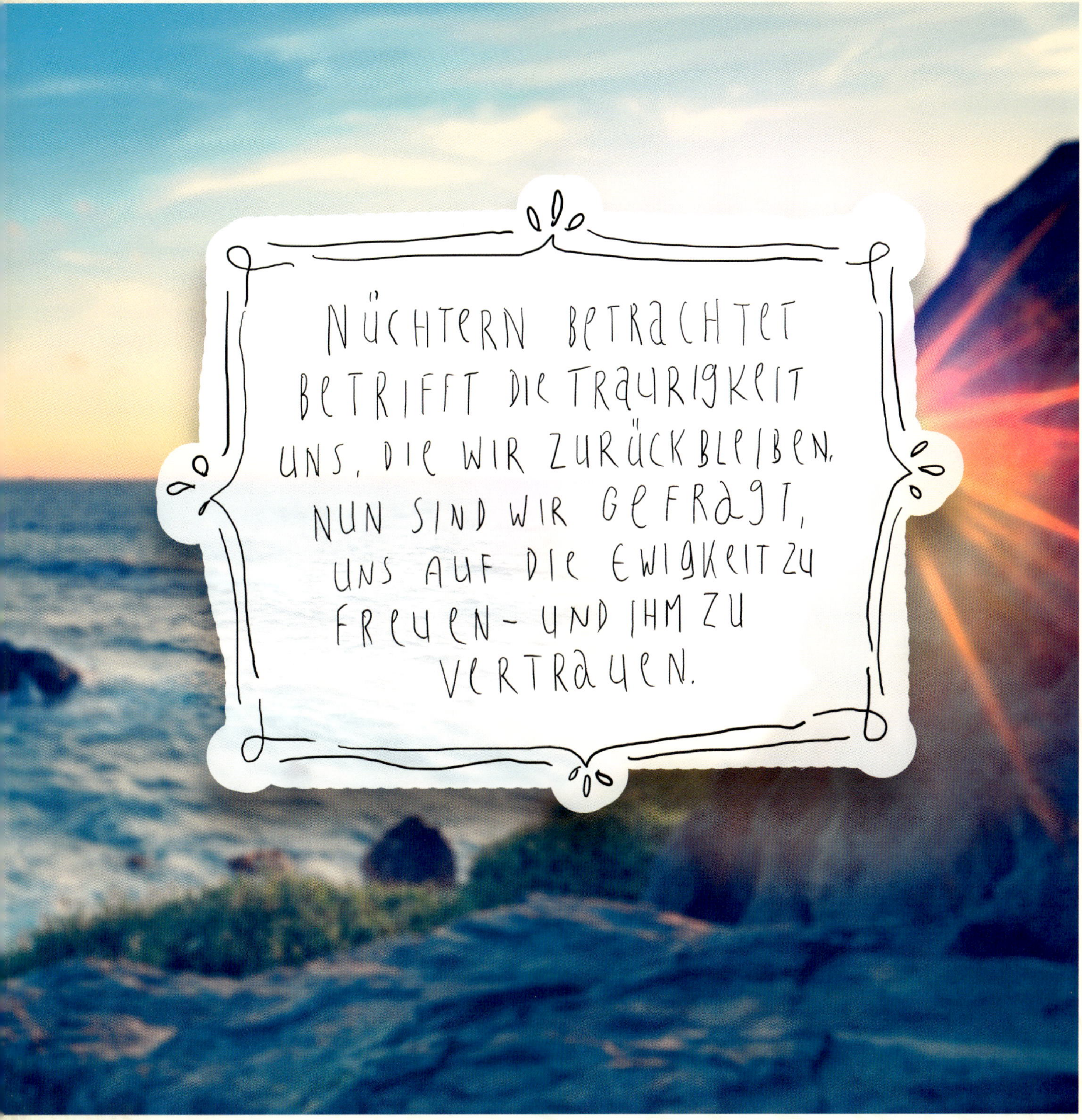

Nüchtern betrachtet betrifft die Traurigkeit uns, die wir zurückbleiben. Nun sind wir gefragt, uns auf die Ewigkeit zu freuen – und ihm zu vertrauen.

„Von einem Freund

habe ich kürzlich eine Karte bekommen, auf der stand:

Ich bin immer da – Gott!

Ich wünsche euch und mir, dass wir Tag für Tag mehr lernen, uns in unserem Leben auf Jesus zu stützen. Dann haben wir eine Hoffnung, die über den Tod hinausgeht. Lasst uns die Ewigkeit nicht ausblenden."

Lydia

Lydias ganze Geschichte können Sie in folgendem Buch nachlesen:

Eva-Maria und Johannes Holmer:

Ich weiß, dass Gottes Plan perfekt ist.

Lydia – ein Leben voller Vertrauen

SCM Hänssler, 224 Seiten, ISBN 978-3-7751-5434-5